AF316237

LES

TROUPES

DE

LA MARINE

Par B...

PARIS

LIBRAIRIE MILITAIRE DE L. BAUDOIN

IMPRIMEUR-ÉDITEUR

30, Rue et Passage Dauphine, 30

—

1897

LES
TROUPES
DE
LA MARINE

Par B...

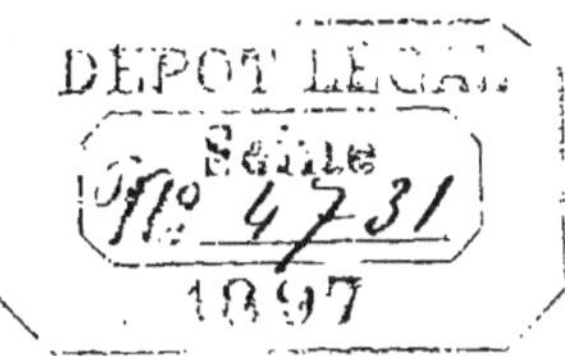

PARIS
LIBRAIRIE MILITAIRE DE L. BAUDOIN
IMPRIMEUR-ÉDITEUR
30, Rue et Passage Dauphine, 30

—

1897

LES

TROUPES DE LA MARINE

Les forces de la marine se composent de deux éléments : sa *flotte* et ses *troupes*.

Son objectif doit être de maintenir intactes ces deux forces militaires et de leur donner le maximum de valeur.

L'armée qui est chargée d'occuper et de défendre nos colonies existe ; elle est constituée par les troupes de la marine qui comprennent des régiments européens et des régiments indigènes.

Comme le reconnaît très bien M. le sénateur Isaac dans son récent projet de loi, il ne s'agit pas de créer l'armée coloniale ; cette armée est ; il s'agit simplement de l'organiser. Nous nous empressons d'ajouter : la solution est encore plus simple ; pour mettre tout en ordre dans les troupes de la marine stationnées aux colonies, il suffit de les traiter comme les troupes du même département stationnées en France, c'est-à-dire de les débarrasser du parasitisme civil et colonial qui les enserre, les étouffe et gêne leur fonctionnement régulier.

Quelle série de mesures a conduit ces troupes au gâchis dans lequel elles vivent actuellement ?

A certain moment, les colonies dépendaient du ministère de la marine ; il s'agissait d'abord de les en séparer et de les mettre en position en face. Le tout était de bien choisir son heure. L'occasion propice ne tarda pas à se présenter : ce fut un intérim ministériel aussi providentiel qu'éphémère à la rue Royale, et, par décret du 14 mars 1889, les colonies furent rattachées au ministère du commerce et de l'industrie.

Une fois cette position conquise, le reste se déroula très rapidement :

Par décret du 4 septembre 1889, l'administration des troupes de la marine passa aux mains des colonies ainsi que le budget militaire, ce qui était le point important.

Comme couronnement de cette œuvre souterraine, le décret du 3 février 1890 chargea les gouverneurs civils de la défense intérieure et extérieure des colonies et leur remit par conséquent l'autorité militaire suprême.

Nous ne parlerons que pour mémoire, comme comble de défaillance gouvernementale, de la circulaire du 4 mars 1890, par laquelle le ministre de la marine se soumettait à ne plus correspondre directement avec les commandants en chef de ses troupes aux colonies.

Tel est le résumé de l'action envahissante du ministère civil des colonies sur le ministère militaire de la marine.

Cependant les colonies ne paraissent pas satisfaites.

Que veulent-elles de plus ?

Un chef suprême des colonies a eu la franchise de nous l'apprendre, en disant à la tribune de la Chambre : « Oui, je veux mon armée et ma flotte » ; sur quoi, un député de la Réunion, homme d'esprit, lui posa immédiatement la question suivante qui n'obtint pas de réponse : « Vous avez déjà l'administration des colonies ; quand vous aurez une armée et une flotte, en quoi différerez-vous de l'ancien ministère de la marine qu'on a trouvé urgent de démembrer ? »

Les colonies veulent donc commander des soldats, c'est-à-dire constituer un troisième ministère militaire. Ce n'est pas le lieu de discuter cette question ; nous nous bornerons à faire la remarque suivante :

La seule raison qui a été donnée pour constituer un ministère des colonies, c'est que pour administrer les colonies il faut un ministère exclusivement civil. Mais si le ministère actuel devient militaire, il faudra donc en refaire un nouveau, un pur, non entaché de militarisme, pour rester dans le programme !

Voyons maintenant rapidement ce que sont les troupes de la marine. Ces troupes n'existent réellement que depuis 1831. Avant cette époque, tous les systèmes possibles et imaginables avaient été employés pour assurer le service militaire des colonies sans pouvoir aboutir à un régime supportable. Il n'y a donc plus d'expériences à tenter.

Depuis leur création, en 1831, les troupes de la marine, en passant par la Crimée, la Chine, le Mexique et la grande épreuve de 1870, ont vu constamment s'accroître leur valeur.

Cette force militaire était de première qualité, ce qui permettait, en vue de la défense nationale, de considérer comme une ressource précieuse, prévue d'ailleurs par le général de Miribel, la relève des troupes servant aux colonies, c'est-à-dire les dix régiments de la marine stationnés en France dont le ministre de la guerre, M. de Freycinet, dans la séance du Sénat du 4 novembre 1892, appréciait l'utilisation dans les termes suivants :

« Ces régiments constituent actuellement le fonds même de l'armée coloniale ; dans la nouvelle organisation, ils doivent en constituer la partie essentielle et fondamentale. Ces régiments, ce n'est pas pour avoir un 20e corps que nous les demandons, mais c'est parce qu'ils existent que nous cherchons, au moment d'une guerre continentale, la possibilité de les utiliser. Mais nous serions dix fois criminels si, ayant ces troupes organisées sur la surface du territoire français, nous ne cherchions pas à en tirer parti. »

La valeur incontestable des troupes de la marine tenait à deux causes :

1° L'entraînement des cadres qui passaient par la meilleure école de la guerre, c'est-à-dire la guerre elle-même ;

2° Le recrutement rationnel et essentiellement démocratique de ses éléments dans le contingent annuel, d'où il résultait que nos soldats de marine n'étaient jamais exposés à faire un service effectif dans nos colonies avant l'âge de 22 ans, exactement comme les 70000 hommes qui constituent l'armée métropolitaine anglaise servant dans l'Inde. Il est vrai que ce second facteur, le mode de recrutement, a été profondément modifié par la loi du 30 juillet 1893, qui supprime radicalement les ressources du contingent pour la constitution des troupes de la marine. Cette loi a trop gravement atteint cette force militaire dans ses œuvres vives pour que nous n'en fassions pas ressortir les déplorables conséquences. Ce fut une loi d'émotion et d'emballement. Les hommes les plus honorables et très convaincus vinrent de très bonne foi porter à la tribune des chiffres de mortalité absolument fantaisistes. Il fut dit et considéré comme établi que les troupes de la marine perdaient annuellement aux colonies 680 soldats sur un effectif de 1000 hommes.

La mortalité vraie était ainsi grossie au moins quarante fois.

En partant de cette donnée terrifiante, le Parlement ne pouvait pas ne point voter la loi de 1893, et il la vota sans même ménager une période de transition.

Avant la loi de 1893, les soldats étaient fournis par les bas numéros du contingent annuel, ce qui amenait dans les rangs de solides paysans, doux, endurants, disciplinés, dans tous les cas disciplinables. Ces hommes arrivaient au régiment vers l'âge de 21 ans ; l'instruction militaire puis la traversée prenaient au moins une année, de sorte que ce n'était jamais avant 22 ans que les soldats de marine faisaient leur service colonial. Sans qu'il y eût évidemment préméditation, les choses se passaient chez nous exactement comme chez nos voisins les Anglais.

Avec la loi de 1893 tout est changé. Les hommes du contingent, bons en masse, ont été remplacés par des engagés de 18 ans en général. Ces engagés ne sont ni des paysans ni des ouvriers ; ils proviennent du trop-plein des villes ; ce sont des jeunes gens efféminés, malingres, sans résistance morale et physique, déjà vaincus dans la lutte pour l'existence, en résumé ce sont des éclopés de la vie, avec lesquels il est bien difficile de faire de vigoureux soldats.

C'est ainsi que la loi de 1893, qui portait comme frontispice : « *L'armée coloniale doit être formée de vieux soldats* », nous a donné, pour servir aux colonies, une armée composée d'hommes malingres, âgés de 19 ans au moment de leur service colonial.

La marine, en ce qui concerne le service colonial de ses troupes, a toujours pris toutes les mesures voulues pour les maintenir dans de bonnes conditions.

Parallèlement au développement de ses troupes européennes, et pour les soulager dans leur service colonial, elle a eu constamment soin, dans les colonies qu'elle a conquises, d'y créer des troupes indigènes en les encadrant d'éléments européens.

C'est avec raison que, éclairée par l'expérience des Anglais dans l'Inde, elle a procédé avec mesure dans ces créations. Les 13000 tirailleurs indigènes qui existent actuellement au Tonkin représentent par exemple le maximum de forces indigènes que la prudence permet d'y constituer.

Afin d'assurer dans de bonnes conditions la relève des troupes aux colonies et surtout le rapatriement des malades, la marine avait fait construire sept magnifiques navires dits *transports-hôpitaux*, qui, en dehors des services qu'ils rendaient en temps de paix, constituaient, en vue d'expéditions coloniales, un approvisionnement de guerre précieux pour établir la ligne de communication des corps expéditionnaires. Ces transports ont fonctionné pendant 18 ans en donnant d'excellents résultats. Sur

1000 malades rapatriés ils en perdaient 18 ; les *bâtiments affrétés du commerce* en perdent 26 (1).

Eh bien, le croirait-on ? les transports de l'État sont actuellement immobilisés et les affrétés seuls fonctionnent !

La marine ne peut rien à cela, par la bonne raison que le ministère civil des colonies administre et paye les troupes de la marine non seulement dans les colonies, mais encore sur mer, et qu'il est maître absolu de leur mode de transport.

Tant que la marine est restée exclusivement maîtresse de ses troupes aux colonies, le service a bien marché.

Prenons, par exemple, notre colonie-type la Cochinchine. Pendant une période de 5 années (1879-1883), la moyenne annuelle de la mortalité, en y comprenant les décès survenus pendant le rapatriement, est de 15,66 p. 1000.

Pour donner à ce chiffre toute sa portée, il suffit de le comparer avec d'autres moyennes correspondant à la même période, tout en faisant remarquer que les statistiques anglaises et néerlandaises ne visent que les décès survenus dans la colonie même (2).

Armée française prise en bloc	9,23
Algérie	14,42
Cochinchine	15,66
Inde anglaise	18,00
Indes orientales et néerlandaises	36,00

Considérons maintenant les résultats de la dernière expédition coloniale dont la marine a eu la direction, nous voulons parler de l'expédition du Dahomey, en 1892.

On a souvent cité comme modèle d'expédition coloniale la campagne des Anglais contre les Ashantis, en 1873. Ces deux actions militaires s'étant déroulées dans les mêmes

---

(1) Voir *Archives de médecine navale*, octobre 1897, page 248.
(2) *Ibid.*, page 261.

parages, il est démonstratif d'en comparer les résultats. Nos pertes totales, étant forcément connexes à la résistance de l'ennemi, furent bien supérieures à celles des Anglais ; mais, dans de pareilles expéditions, pour bien juger la préparation et la conduite des opérations, ce qu'il faut considérer, c'est le rapport existant entre les morts par la maladie et les morts par le feu de l'ennemi. Or, sous ce point de vue, voici la comparaison qu'il est bon de faire ressortir : pour deux soldats tués, nous n'eûmes que cinq soldats morts de maladie, et les Anglais en eurent huit.

L'empiètement des colonies sur les légitimes attributions du ministère de la marine a profondément troublé le fonctionnement des troupes. L'ingérence de l'élément civil dans les choses d'ordre essentiellement militaire est la négation de toutes nos lois en vigueur.

Le Parlement n'a jamais caché son désir de vouloir couper court à toutes les velléités militaires des colonies ; il n'a jamais manqué de protester contre la conception d'un troisième ministère militaire, ce rêve si ardemment caressé par le monde colonial. Mais alors, si, en dehors des colonies, personne ne veut de ce nouveau ministère militaire, c'est que la partie engagée par le ministère des colonies est irrémédiablement perdue. Dans ces conditions, pourquoi éterniser, sans espoir d'atteindre le but, le gâchis actuel ?

I

DÉFENSE DES COLONIES

Le décret du 3 février 1890 fait le gouverneur chef et responsable de la garde et de la défense intérieure et extérieure de la colonie. La circulaire ministérielle du 4 mars 1890 défend au commandant en chef des troupes de correspondre directement avec le ministre de la marine.

Pour bien faire saisir ce que cette situation a d'étrange, appliquons-la un instant à l'Algérie.

Ainsi, le gouverneur général, chargé de la défense, ordonnerait des déplacements de troupes, le général commandant le 19e corps n'aurait qu'à obéir ; il ne serait qu'un subalterne ; il ne pourrait correspondre avec le ministre de la guerre qu'en passant par le gouverneur et le ministre de l'intérieur.

Pour justifier l'anomalie bizarre créée par le décret précité, qui donne à un civil incompétent la charge de défendre la colonie, le seul argument qu'on ait invoqué en faveur de cette mesure consiste à dire qu'elle est une garantie contre les expéditions téméraires. Cette proposition est tellement fausse que, pour être dans le vrai, il suffit d'en formuler la contre-partie.

En principe, un militaire, connaissant les choses de la guerre, se laisse moins facilement entraîner à une action militaire irréfléchie qu'un civil qui veut jouer au soldat ; sur terre comme sur mer, il est de la dernière imprudence de donner un pouvoir militaire quelconque, et surtout un pouvoir militaire supérieur, à un homme qui n'est pas un homme de guerre. '

Jamais un chef militaire responsable n'a engagé une action militaire aux colonies sans daigner au moins informer son ministre qu'il engageait cette action.

Pour voir se réaliser pareille chose, il fallait que vînt le temps où les gouverneurs civils des colonies sont les dépositaires du pouvoir militaire suprême.

Comme démonstration de fait, nous nous bornerons à citer un exemple :

En mai 1895, le gouverneur d'une de nos colonies, chef de la défense, conçut, prépara et lança une expédition, dont l'objectif était en dehors de son territoire. Comme on le voit, c'était faire grand, car cela constituait de la défense extérieure au premier chef. Ce gouverneur non seulement ne demanda pas l'assentiment de son ministre pour faire cette expédition, mais encore il ne daigna même pas l'informer qu'il la faisait, et pourtant cela lui aurait été bien facile, puisqu'il était relié à son ministre par le câble. Les résultats de cette expédition furent cruels pour les combattants, sans résultat acquis : 25 p. 100 de l'effectif fut mis hors de combat.

En réalité, il est impossible de voir et même de concevoir un chef militaire responsable préparant et dirigeant une expédition sans trouver qu'il vaille la peine d'en informer son chef, le ministre.

En cas de grande guerre, les colonies veulent bien admettre que ce sera un militaire qui mettra en action les moyens existants de la défense, qui, en un mot, commandera le feu; mais, ces moyens de défenses eux-mêmes, qui les conçoit, les prépare, les organise? Un fonctionnaire d'ordre absolument civil, d'une incompétence technique absolue.

Du moment que le Parlement s'occupe d'établir aux colonies des points d'appui pour la flotte, il est grand temps qu'aux colonies, comme en Algérie et partout ailleurs, la défense soit remise aux mains du commandant en chef des troupes occupantes.

Aux colonies, le gouverneur civil est le dépositaire de l'autorité militaire suprême, et le commandant en chef des troupes est sous ses ordres.

Cette intronisation fortuite d'agents civils dans la hiérarchie militaire constitue un dispositif vicieux. Il est urgent que, la préséance étant accordée au gouverneur avec le droit de réquisition en cas de troubles, le commandant en chef des troupes ne relève que du ministre de la marine.

Dans la séance du Sénat du 15 novembre 1892, M. le général Billot a très bien mis en lumière les raisons pour lesquelles il est bon que le commandant des troupes ne relève que du ministère de la marine.

Tout est à lire et à méditer dans son discours. Bornons-nous à en citer quelques passages :

> Le pouvoir militaire donne le droit de justice militaire. Ce pouvoir repose sur l'obligation qu'a le chef militaire d'être soumis à la même juridiction. Celui qui punit peut être aussi puni disciplinairement ; celui qui donne l'ordre de mise en jugement peut être traduit lui-même en conseil de guerre par son chef direct.
>
> Quelle est donc la situation de vos gouverneurs civils et résidents ? Sont-ils justiciables du Code militaire ? Peuvent-ils être traduits devant un conseil de guerre ? S'ils abusent de leurs pouvoirs, ils iront en cour d'assises ou simplement en police correctionnelle, et seront condamnés à 16 francs d'amende ou à quinze jours de prison, alors que, dans les mêmes cas, le militaire passe devant le conseil de guerre et risque sa tête.
>
> Une république bien ordonnée ne peut pas laisser émettre des principes aussi injustes que ceux-là.
>
> Il n'est pas possible que des hommes, qui ont un caractère militaire bien défini, soient soumis à l'autorité d'hommes qui ne sont pas revêtus du même caractère et ne sont pas soumis à la même servitude, servitude pleine de grandeur, parce qu'elle comporte l'abnégation et la soumission complète, mais qui est basée avant tout sur la justice. Le gouverneur civil à qui vous voulez donner le pouvoir militaire, l'autorité sur les chefs militaires, présente-t-il cette garantie de subordination, de sacrifice ?
>
> Est-il soumis à la même loi ? Non, n'est-ce pas ? Il suffit de signaler ces anomalies pour en comprendre la portée.....

. . . .

En 1882, j'avais l'honneur d'occuper le ministère de la guerre, l'éminent général Saussier, qui venait de se couvrir de gloire en Tunisie, vint trouver le ministre de la guerre et lui dit : « Je veux bien revenir en Afrique, mais il est nécessaire que le décret qui règle mes relations avec le gouverneur civil soit complètement modifié. J'ai fait une expérience complète de l'Afrique, je connais les inconvénients de la situation existante, il faut modifier le décret. »

D'accord avec le président du conseil et l'amiral Jauréguiberry, ces relations furent modifiées, et le décret du mois d'avril 1882, qui dispose que le commandant militaire en Algérie relève directement du ministre de la guerre, fut rendu.

Depuis cette époque, les relations n'ont cessé d'être cordiales, correctes, régulières, et les difficultés qui existaient avant et qui étaient de nature à troubler les affaires ont disparu. La commission technique, présidée par M. le général de Miribel, s'est appuyée sur ce décret et, d'un avis unanime, a demandé que le régime de l'Algérie fut étendu à toutes nos colonies.

Quant à la question, encore à l'étude et si controversée même au sein du Parlement, de savoir à quel ministère militaire il convient de rattacher les troupes actuelles de la marine, nous serons très bref, parce que cette question sort de nos préoccupations, notre objectif étant, avant tout, d'indiquer un remède au gâchis actuel. La chose importante et urgente, primant tout le reste, est de retirer les troupes de la marine du ministère des colonies. Une fois ces troupes sorties de leur déplorable situation actuelle, leur rattachement à n'importe lequel des deux ministères militaires leur permettra d'assurer le service dans de bonnes conditions. Nous reconnaissons même que, sans autres dispositifs, leur simple rattachement à la guerre améliorerait considérablement leur situation, parce que cela couperait court aux prétentions militaires des colonies. Mais l'ingérence coloniale dans les choses d'ordre essentiellement militaire doit forcément avoir une fin prochaine, quand la lumière suffisante sera faite. Il faut donc faire abstraction de l'administration coloniale et considérer la question de plus haut.

Pour le bien du service, il est bon que les troupes restent à la marine ; il y a plusieurs raisons pour cela, mais nous nous bornerons à en donner les deux principales :

Tant que la marine n'a pas été gênée par les colonies, rêvant de se tailler un ministère dans le démembrement du ministère de la marine, les troupes de la marine ont stationné aux colonies dans des conditions aussi bonnes que possible. D'autre part, dans la dernière expédition coloniale (Dahomey) dont la marine a eu la direction, les résultats ont été merveilleux. En tenant compte de la résistance de l'ennemi, nous ne pouvons pas trouver, après mûres réflexions, une expédition coloniale mieux préparée et mieux commandée. Si la marine, ayant ses coudées franches, fait bien les choses, pourquoi changer? L'unique amour du changement pour lui-même pourrait expliquer ce déplacement. Pourquoi enfin toucher à cette chose sacrée qui s'appelle l'*Historique des corps?*

Voici maintenant la seconde raison de maintenir les troupes à la marine : Dans toute expédition coloniale bien préparée et bien conduite, il est absolument nécessaire que le corps expéditionnaire et sa ligne d'étapes soient dans les mains du même ministère. Or le ministre de la marine seul peut logiquement commander en même temps ces deux facteurs : le corps expéditionnaire et sa ligne de communications. C'est là une vérité qu'assurément tous les hommes de guerre et tous les membres du Parlement qui ont l'honneur d'avoir été militaires doivent reconnaître. C'est donc au ministre de la marine qu'il revient de commander les troupes stationnées aux colonies et leur relève de la métropole.

II

ADMINISTRATION DES TROUPES AUX COLONIES

L'administration des troupes de la marine aux colonies, c'est-à-dire le service de l'intendance, est entre les mains des commissaires coloniaux. Ces commissaires, que la loi ne reconnaît ni comme officiers ni comme militaires, ne sont pas soumis au commandement ; ils ne relèvent même pas du ministère qui a le commandement des troupes, comme cela avait lieu au moins pour l'ancienne intendance, mais bien d'un ministère essentiellement civil, le ministère des colonies. Telle est actuellement la situation. Ce serait à croire que les troupes de nos colonies ne sont pas françaises.

Il y a quinze ans que l'armée française a reçu du Parlement la loi qu'elle attendait depuis si longtemps et que la terrible leçon de 1870 avait imposée.

Depuis le 16 mars 1882, l'intendance ne dépend plus immédiatement du ministre de la guerre. Ses membres, dans chaque corps d'armée, sont sous l'autorité du commandant du corps d'armée.

Ainsi a disparu le fatal dualisme, l'antagonisme trop réel qui mettait continuellement en lutte le commandement et l'administration, sous le prétexte d'indépendance de l'administration et de sauvegarde de la responsabilité ministérielle.

L'unité de commandement que Napoléon appelle la première nécessité de la guerre est entière maintenant.

Qui croirait que, pendant que les troupes françaises métropolitaines sont commandées et administrées par des généraux responsables, celles des colonies soient seulement commandées par leurs généraux ou commandants, et qu'elles soient administrées par des commissaires qui non seulement ne dépendent pas du même ministère que les généraux, mais qui dépendent d'un autre ministère et en dépendent immédiatement, sans que les chefs des troupes aient par conséquent jamais la moindre part dans la satisfaction des premiers besoins de leurs troupes, c'est-à-dire du besoin de manger, de se vêtir et de se loger, en un mot de vivre?

Le principe qui veut que l'administration soit placée sous la dépendance du commandement découle de ce fait qui domine tout :

L'*action* ne peut exister et ne peut produire énergiquement un résultat efficace si tous les organes qui la déterminent n'obéissent pas à la même impulsion. Cette notion si juste de l'action militaire est constamment violée aux colonies, par suite de l'indépendance de l'administration. Pour n'en citer qu'un exemple entre mille, voici ce que nous avons vu au Tonkin :

Une colonne de 300 fusils fut constituée sur la rivière Claire ; on avertit l'administration de réunir des approvisionnements. Le commissaire général en chargea un sous-commissaire colonial. Le jour de la concentration, le commandant de la colonne ne savait ni la nature ni la quantité des approvisionnements qui avaient été constitués par un service en dehors du commandement. Toutefois, le sous-commissaire voulut bien faire connaître au commandant la nature et la quantité des vivres.

On se mit en route, quoique les approvisionnements fussent incomplets et aussi les moyens de transport (coolies). Un jour, c'est là le point intéressant, le comman-

dant donna l'ordre au commissaire de laisser un approvisionnement partiel, sur un point où il organisait un poste
d'appui pour la colonne. Le commissaire fit connaître qu'il
ne pouvait se démunir des vivres et des récipients
demandés pour ce poste sans un ordre du commissaire
général qui était à Hanoï. Pour avoir cet ordre, il fallait
60 jours !

Une réquisition fut signée par le commandant ; le commissaire obéit à cette réquisition, mais il avertit qu'il avait
à remplir une série de formalités administratives, acte de
cession, inventaires, etc., qui exigeraient 3 ou 4 jours.
Le commandant passa outre ; le commissaire déclara qu'il
ne prenait plus la responsabilité du service. Un officier de
la colonne fut désigné pour remplacer le commissaire ;
d'où une tempête !

C'est principalement en temps de guerre que la dépendance doit être absolue. Il faut le même ordre pour les
troupes et les services. Sans cette homogénéité, le salut
d'une troupe en opérations peut être compromis par un
court retard dans l'exécution des ordres. Il est bon de
noter en passant que le seul fait de la dépendance de
l'administration permettrait de réaliser des économies
sérieuses, car le commandement possède en hommes et
en animaux des moyens qui pourraient réduire considérablement, par leur emploi, les dépenses qu'une administration indépendante est obligée de faire. Au Tonkin, où les
dépenses des transports de ravitaillement, par exemple,
sont considérables (plus d'un million), on arriverait à
réduire celles-ci de 400000 francs au moins, si l'on em-
ployait les moyens dont dispose le commandement.

L'intendance indépendante et provisoire, espérons-le, des
troupes de la marine aux colonies, s'est développée dans
des proportions extravagantes. En voici un exemple qui
démontrera combien est juste l'expression de *corps parasite* que, par rapport aux combattants, un homme d'État,
ancien ministre de la Guerre, a appliquée au commissariat

colonial, en même temps d'ailleurs qu'au corps médical colonial.

La marine compte à la Guyane 336 fantassins et 37 artilleurs, en tout 373 hommes.

Sait-on quelle est, pour ces 373 combattants, la proportion de l'intendance? Sans compter les employés subalternes, agents, commis et magasiniers, il y a 6 commissaires dont la solde globale est de 47259 francs. Voilà donc ce pauvre budget de 373 soldats grevé immédiatement de près de 50000 francs par l'état-major de son intendance!

On ne citerait pas un pareil fait dans toutes les forces organisées du monde entier.

Et le remède? dira-t-on. D'abord, il faut appliquer la loi de 1882 sur l'administration de l'armée; le service administratif doit être soumis au commandement, ensuite, et conformément à cette même loi, la marine qui a le commandement doit avoir également l'administration de ses troupes. Le commandement et l'administration sont deux choses absolument indissolubles.

L'administration des troupes aux colonies revenant à son chef légitime, le ministre de la marine, quels sont les dispositifs qui s'imposent?

Partout, aux colonies, en France et à l'étranger, les troupes de la marine doivent être administrées par les commissaires de la marine qui déjà remplissent, à la satisfaction générale, les rôles d'intendants près des troupes métropolitaines de ce département.

Il ne faut pas songer un instant à utiliser les commissaires coloniaux du ministère civil des colonies; ces commissaires n'appartiennent pas à la marine, ils n'ont aucun caractère militaire et ils sont réellement trop nombreux. Pas plus que la guerre, la marine n'est habituée à pareille exubérance de personnel, du moins dans ses services utiles et actifs. Comme intendants, près de ses troupes aux colonies, la marine n'a besoin que de quelques unités; pour s'en convaincre, il n'y a qu'à voir comment se passent les choses à la guerre. Dans ces conditions, à tous les points de vue, il est bon que la marine, pour l'administration de l'ensemble de ses troupes, s'en tienne à son commissariat justement apprécié par tous les autres corps actifs et techniques de la marine et qui surtout a fait ses preuves.

III

SERVICE DE SANTÉ DES TROUPES AUX COLONIES

A l'heure actuelle, le service de santé des troupes de la marine stationnées aux colonies comprend le service régimentaire et le service hospitalier.

Le service régimentaire est assuré par des médecins de la marine ; le service hospitalier par des médecins coloniaux. Ces médecins coloniaux, qui ne sont pas soumis au commandement et ne relèvent que du ministère civil des colonies par l'intermédiaire des gouverneurs, n'ont naturellement aucun caractère militaire et sont de simples fonctionnaires médecins.

Ces deux groupes de médecins, les simples fonctionnaires coloniaux comme les médecins de marine, quoique dépendant de deux ministères différents, sont payés sur le même budget, le *budget militaire*, qui depuis 1889 est entre les mains du ministère civil des colonies.

Considérée dans son ensemble, la part prélevée sur le budget militaire, au titre du service de santé, serait plus que largement suffisante pour assurer très convenablement ce service, si, malheureusement, la répartition n'en était pas manifestement vicieuse : d'un côté, parcimonie déplorable en ce qui touche le service régimentaire ; de l'autre, exubérance non motivée en ce qui concerne le service hospitalier.

La cause de cette disproportion saute aux yeux : les

médecins coloniaux qui assurent le service hospitalier sont de la maison, tandis que les médecins de la marine, qui sont chargés du service régimentaire, représentent l'étranger, on pourrait même dire l'ennemi, et c'est le ministère des colonies qui tient la bourse.

Pour bien faire ressortir cette répartition vicieuse des crédits alloués pour ces deux branches du service de santé, il est tout naturel de prendre comme exemple l'Indo-Chine, dont le corps d'occupation s'élève à 20000 hommes au moins, presque constamment sur pied de guerre.

A. — Pénurie du service de santé régimentaire.

Comme point de départ et terme de comparaison, il est nécessaire de rappeler quelles sont, conformément aux règlements militaires, les dotations en personnel médical des régiments de la guerre et des régiments métropolitains de la marine :

Sur *pied de guerre*, un régiment d'infanterie à 3 bataillons est pourvu de 7 médecins ;

Sur *pied de paix*, un régiment d'infanterie, dont l'effectif oscille de 1400 à 1500 hommes, possède 3 médecins, ce qui représente *un médecin pour 500 hommes*.

Les régiments de la marine stationnés en Indo-Chine, en raison du climat et des colonnes expéditionnaires incessantes, pourraient très légitimement être considérés comme sur pied de guerre. Mais, considérons-les seulement comme étant sur pied de paix, il serait juste de les pourvoir en médecins, au simple point de vue numérique, au moins aussi convenablement que les régiments de la guerre et de la marine paisiblement stationnés en France. A ce compte, il reviendrait à cette imposante force militaire 40 médecins régimentaires ; les colonies n'en ont admis que 24. Naturellement leurs grades sont inférieurs à ceux que comportent leurs fonctions.

Cette pénurie de médecins régimentaires produit les résultats les plus attristants :

Des postes très importants, comme Lang-Son par exemple, restent très longtemps sans médecin. Il est impossible au commandement d'assurer les tournées médicales périodiques dans les postes dépourvus de médecin.

Enfin, ce qui est d'une gravité extrême et révolte particulièrement, c'est *que le service médical des colonnes expéditionnaires ne peut pas toujours être assuré. Il serait pourtant bien urgent de pouvoir donner un médecin à toute colonne qui va au feu.*

Si la marine administrait et payait ses troupes, il est certain que comme minimum elle aurait pourvu ses troupes de l'Indo-Chine du personnel médical prévu par les règlements militaires, prête, sous la pression de circonstances exceptionnelles, à dépasser ce chiffre, comme elle vient de le faire en Crète où, n'étant pas gênée par le veto d'un ministère civil quelconque, elle a doté son infanterie à raison de 1 médecin par 300 hommes. Mais les colonies se moquent impunément des règlements militaires et agissent avec sans-gêne avec la Marine dont elles connaissent bien l'inaltérable longanimité. La preuve, c'est qu'elles n'ont jamais osé toucher aux quelques unités tactiques de la guerre qui sont à leur solde ; d'où le spectacle étrange que présente à l'heure actuelle le corps d'occupation de Madagascar :

La guerre y compte trois bataillons, composés exclusivement de légion étrangère et de tirailleurs algériens ; la marine y possède dix bataillons. Tous ces bataillons (guerre et marine) vivent dans les mêmes stationnements et sont dans la main du même chef ; la seule différence entre les troupes des deux départements militaires, c'est que six bataillons de la marine sont composés de citoyens français. Or chaque bataillon de la guerre a deux médecins, tandis que chaque bataillon de la marine n'en est pourvu que d'un seul.

B. — Exubérance du service de santé hospitalier (médecins coloniaux).

A côté de cette pénurie de médecins dans les corps de troupes de l'Indo-Chine, on constate une exubérance prodigieuse de médecins coloniaux.

C'est ainsi qu'à l'hôpital d'Haï-Phong, pour un effectif de malades qui n'atteint pas 50, on compte un personnel médical de quatre coloniaux. Trois coloniaux encore à l'hôpital de Ticau, qui n'a pour ainsi dire pas de malades, etc.

D'autre part, non seulement le personnel médical dont est doté chaque établissement hospitalier est exagéré, mais encore le nombre des hôpitaux en Indo-Chine est hors de proportion avec les nécessités justifiées du service.

En réalité, pour toute l'Indo-Chine, il ne devrait y avoir que trois hôpitaux, à Saïgon, Hanoï et Quang-Yen.

Les médecins coloniaux attachés aux hôpitaux y soignent non seulement les militaires, mais encore les fonctionnaires, des civils, des femmes et des enfants ; néanmoins, ils sont intégralement payés sur le budget militaire, c'est-à-dire le budget des soldats. Tous les autres médecins coloniaux, quelles que soient leurs fonctions, sont payés sur le budget militaire. Or, parmi ces médecins coloniaux, nous en comptons au moins douze qui font un service exclusivement civil. Citons quelques exemples de ces services civils :

> Médecin à la cour de Hué ;
> Médecin pour la municipalité d'Hanoï ;
> Médecin pour les fonctionnaires d'Hanoï ;
> Médecin pour vacciner les indigènes, etc.

On voit à quoi est employée une partie du budget voté pour les soldats et combien, encore une fois, est juste l'épithète de *parasite* appliqué au corps de santé colonial par rapport aux combattants.

C. — Fonctionnement vicieux du service de santé.

a) En Indo-Chine, comme dans toutes nos autres colonies, l'hospitalisation des militaires se fait dans de mauvaises conditions.

D'abord, les soldats hospitalisés échappent au commandement et, ce qui est plus grave, les médecins coloniaux traitants sont tout à fait en dehors de l'autorité de ce commandement.

Les conséquences de cet état de choses étaient faciles à prévoir :

D'une part, si les médecins régimentaires n'ont, comme les commandants, qu'un objectif, le maintien des effectifs disponibles, d'autre part, les médecins coloniaux n'ont qu'un but, c'est le grossissement et le maintien de leur effectif de soldats hospitalisés.

Les vues des médecins coloniaux et des médecins de troupes sont absolument divergentes.

Pour les coloniaux, les soldats sont faits pour les hôpitaux ; pour les marins, les hôpitaux sont faits pour les soldats ; et c'est bien cette dernière notion qui constitue la bonne et vraie doctrine militaire, car la pensée dominante d'un commandant et de son médecin-major (dans un régiment comme sur un navire) doit être de laisser le moins de monde possible à la traîne et de maintenir ses effectifs intacts.

S'il y a abus dans le maintien trop prolongé des militaires à l'hôpital, il y a également abus en sens inverse, en renvoyant de l'hôpital des militaires encore malades, procédé que peuvent seuls se permettre des médecins placés en dehors de l'autorité militaire. En effet, dans les hôpitaux coloniaux, on a vu surgir une manière de procéder étrange, que n'ont jamais connue ni la guerre ni la marine, et qui consiste à mettre les malades *exeat illico par mesure disciplinaire*, suivant la formule coloniale employée. Il est bon de remarquer que l'*exeat* est d'autant plus grave en conséquences qu'il est *illico*. Par simple *exeat*, les malades sortent à une heure réglementée, prévue, où un sous-officier du corps ou du navire vient à l'hôpital les recueillir et en prendre charge. Par l'*exeat illico*, le malade est mis immédiatement dehors et jeté sur le pavé, avec son sac quand c'est un matelot.

Ces faits sont, par eux-mêmes, graves. Certes, on peut être exposé à rencontrer partout un médecin traitant brutal et inintelligent ; mais ce qui donne à ces faits un caractère spécial de gravité, c'est qu'ils ne sont suivis d'aucune sanction, qu'ils se passent au grand jour, couramment, comme une chose naturelle.

b) On sait quels résultats merveilleux, — surtout au point de vue économique, en diminuant de près de moitié le nombre des journées d'hôpital, — a donné à la guerre le régime des infirmiers régimentaires. D'ailleurs, il est facile de se rendre compte que pareil régime s'imposait ; en effet, pour le militaire comme pour l'ouvrier, il y a forcément et heureusement, entre l'homme apte à faire son service intégralement et l'homme qui a besoin d'entrer à l'hôpital, un état intermédiaire dans lequel, par suite d'indispositions légères, l'homme n'a surtout besoin que de calme et de repos. C'est à cette situation que correspond le régime de l'infirmerie.

Sans entrer dans les détails du fonctionnement des infirmeries régimentaires, rappelons seulement que ces infirmeries ne coûtent rien à l'État et que les médecins-majors des régiments de la guerre sont arrivés à en faire des formations sanitaires parfaites, souvent même coquettes, avec jardin et bibliothèque.

Les généraux commandant les troupes de la marine aux colonies ont naturellement appliqué leurs efforts à faire fonctionner ce régime dans les corps de troupes placés sous leurs ordres et y ont réussi. Malheureusement, ces infirmeries régimentaires ont, aux yeux des coloniaux, le désavantage de faire crible et de diminuer le nombre des soldats hospitalisés.

En conséquence, les coloniaux emploient tous leurs efforts pour arriver à faire diminuer et même supprimer ces infirmeries.

Le mobile de l'attaque est toujours le même ; mais les moyens agressifs varient avec la latitude.

A la Réunion, par exemple, les médecins coloniaux ont résolu de réduire l'infirmerie des troupes par la famine pharmaceutique.

Le dispensateur des drogues est le médecin colonial, chef de l'hôpital. Depuis trois ans, le médecin-major du bataillon lui adresse inutilement des demandes régulières, comportant les agents antiseptiques (sublimé et acide phénique) indispensables pour faire des pansements et qui sont actuellement employés dans les plus obscurs villages. Le commandant appuie énergiquement la demande ; naturellement le colonial ne s'en émeut guère, puisque les médecins coloniaux, chargés jusqu'à nouvel ordre de traiter les soldats hospitalisés, ne sont pas soumis à l'autorité militaire. Alors, le gouverneur, inspiré par le bien du service, intervient et va même jusqu'à prendre une décision, pour décider la délivrance. Rien n'y fait, le médecin colonial reste irréductible et triomphant. Quand on se rappelle que les médecins coloniaux, d'après leur décret de constitution, ne relèvent que des gouverneurs, on avouera que cette lutte a fini par prendre les allures d'une opérette.

En Indo-Chine, les choses viennent d'être brusquées.

Une très longue dépêche du ministre des colonies au gouverneur général de l'Indo-Chine, du 16 janvier 1897, lui prescrit plusieurs mesures très malheureusement inspirées, parmi lesquelles nous relevons la *suppression des infirmeries régimentaires*. Voyons les résultats de cette dernière mesure : pour ne pas trop nous étendre, nous nous bornerons à considérer seulement une des deux infirmeries d'Hanoï, l'infirmerie des troupes indigènes. Pendant l'année 1896, cette infirmerie a compté 15000 journées de traitement ; l'infirmerie supprimée, ces journées d'infirmerie deviennent autant de journées d'hôpital. Or, comme le prix de la journée d'hôpital au Tonkin est de 9 francs, cela représente la jolie somme de 135000 francs, dont sur un seul point sera grevé le trésor, par l'application de cette mesure injustifiée, et cela au détriment de la discipline, puisque les soldats à l'infirmerie restent soumis au commandement, tandis qu'ils y échappent dans les hôpitaux coloniaux.

En face de pareilles constatations, la raison se trouble et on se demande si l'on rêve. Est-il possible que cette mesure ait été appliquée?

La suppression des infirmeries régimentaires n'est pas la seule chose troublante que contienne la dépêche du ministre des colonies; nous pouvons encore y relever les mesures suivantes : d'abord suppression dans le corps d'occupation des deux seuls médecins à quatre galons, c'est-à-dire ayant rang d'officier supérieur. Comme conséquence : un corps de 20000 hommes possédant trois généraux et n'ayant pas un seul médecin d'un grade supérieur à celui de capitaine, dans un pays où les troupes vont constamment au feu.

Mais une des mesures prescrites et qui devient stupéfiante est celle qui supprime radicalement les médecins dans les régiments de tirailleurs tonkinois. *Voilà donc sans médecin 13000 hommes allant constamment au feu. Le prétexte invoqué est que ces troupes sont trop disséminées pour avoir besoin de médecins.* Jusqu'à cette trouvaille on avait pensé que, pour un groupe humain donné, il fallait d'autant plus de médecins qu'il était disséminé.

c) Dans les hôpitaux coloniaux de nos possessions, le prix de la journée d'hôpital est capricieux, variable, mais constamment très élevé.

Il est capricieux ; en voici un exemple :

A Dakar (Sénégal), il est de 11 fr. 26 ; en face, de l'autre côté de la rade, à Gorée, il n'est que de 4 fr. 50. Les conditions d'hospitalisation sont pourtant sensiblement les mêmes, sauf que Gorée s'approvisionne à Dakar.

Ce prix de journée d'hôpital est variable suivant la provenance des hospitalisés ; c'est ainsi qu'à Saint-Pierre (Terre-Neuve), les colonies font à la marine des prix de faveur, mais à rebours.

Enfin ce prix est toujours excessif. Pour le prouver d'une manière éclatante, il nous faut donner des chiffres.

Nous allons établir des termes de comparaison, dans des conditions aussi similaires que possible.

Prenons, par exemple, les parages de l'océan Pacifique et de l'océan Indien ; nous avons pu nous procurer le prix de la journée d'hôpital dans sept hôpitaux coloniaux étrangers où les matelots de nos divisions navales sont susceptibles d'être hospitalisés ; en voici le tableau :

		fr. c.
Philippines........	Cañacao....................	4 40
Australie.........	Melbourne..................	4 50
	Adélaïde..................	3 75
Tasmanie.........	Hobart....................	6 25
Nouvelle-Zélande...	Christchurch..............	3 20
	Wellington................	3 75
Vancouver........	Esquimalt.................	5 00
		30 85
	Moyenne..................	4 40

Si maintenant on considère les prix dans nos colonies des mêmes parages, voici le tableau qu'on obtient :

	fr. c.
Tahiti...............................	11 60
Nouvelle-Calédonie.................	7 90
Réunion............................	12 00
	31 50
Moyenne..................	10 50

Alors comparons :

fr. c.

Prix de la journée.. { Dans les colonies étrangères..   4 00
                    { Dans nos colonies........... 10 50

Voici maintenant une autre comparaison :

Pendant la dernière expédition de Madagascar furent concentrés, à Tamatave, des navires et des troupes, représentant une force militaire sérieuse. Heureusement, à Tamatave, il n'y avait pas encore d'administration et de médecine coloniales, qui auraient imposé des journées d'hôpital à 10 francs au minimum.

Le contre-amiral commandant la division navale de l'océan Indien, sous les ordres duquel était placé cet ensemble de forces, chargea un médecin à trois galons de la marine de la direction et de la gestion d'un hôpital improvisé de la marine.

Le médecin directeur eut à sa disposition, comme ressources pécuniaires, une allocation journalière de 1 franc par malade, plus le remboursement des rations non perçues, ce qui, en définitive, représentait en tout 2 francs par malade et par jour.

Cet hôpital fonctionna pendant près de quatorze mois, du 8 mai 1895 au 1er juillet 1896. On y traita 2605 malades, parmi lesquels il y eut 70 décès, ce qui représente 2 décès 6 pour 100 malades.

A la fin de sa gestion, le médecin directeur, loin d'être à découvert, avait réalisé des économies notables s'élevant à 4598 fr. 27, qu'il versa au trésor (1).

Il est bon de rappeler qu'à cette époque la place de Tamatave était en réalité bloquée, sauf du côté de la mer, par où elle pouvait s'approvisionner à la Réunion.

---

(1) M. le Ministre de la marine, juste appréciateur des services rendus, a accordé un témoignage de satisfaction au médecin-directeur, M. le médecin de 1re classe de la marine Durbec.

Or, que se passait-il à la Réunion même, pendant la même période ?

Les soldats de la guerre et de la marine, hospitalisés dans les hôpitaux coloniaux de cette île, *payaient 12 francs par jour, c'est-à-dire six fois plus qu'à Tamatave !*

Les résultats fournis par les comparaisons précédentes ne doivent pas nous surprendre. En effet, si, dans les hôpitaux coloniaux, qu'il est grand temps de transformer en *hôpitaux mixtes* avec *salles militaires*, on calculait le prix de la journée d'hôpital d'après le *règlement d'administration publique* du 1ᵉʳ août 1879, suivant lequel ce prix est fixé pour les soldats de la guerre dans les salles militaires des hôpitaux mixtes de la métropole, on verrait qu'au grand maximum ce prix s'élèverait à 4 francs, le double environ du prix de la métropole. Mais, pour calculer largement et éviter toute surprise, poussons ce prix à 5 francs ; il ne serait encore que la moitié du prix moyen actuel des hôpitaux coloniaux. Or, comme le nombre des journées d'hôpital, calculé pour l'ensemble des troupes de la marine stationnées aux colonies, est au moins de 300000 journées (1), il en résulterait pour le trésor, si le prix de la journée était ramené de 10 à 5 francs, la grosse économie de *1500000 francs*.

La réalisation de cette très sérieuse économie n'est pas un mirage. Pour cela il suffit de promulguer aux colonies, comme elle vient de l'être en Algérie, la loi bienfaisante du 7 juillet 1877 sur l'hospitalisation des militaires, en vertu de laquelle le personnel de la marine serait soigné

---

(1) Dans la métropole, comme moyenne annuelle, il faut compter 7 journées d'hôpital par soldat ; aux colonies cette moyenne est, au minimum, de 12 journées ; d'autre part, l'effectif total des troupes aux colonies est supérieur à 25000 hommes ; mais prenons ce dernier chiffre, le calcul du total des journées d'hôpital est bien simple :

$$12 \times 25000 = 300000 \text{ journées.}$$

dans des *salles militaires* des hôpitaux coloniaux par les médecins régimentaires de la garnison.

Le budget de la flotte en serait lui-même sensiblement soulagé, puisque, dans nos propres colonies comme dans les colonies étrangères, la marine serait assurée de ne pas payer plus de 5 francs au maximum pour ses matelots. D'ailleurs, cette mesure est tellement rationnelle que, si à l'heure actuelle les hôpitaux coloniaux appartenaient encore à la marine comme hôpitaux militaires, le bien du service consisterait pour la marine à les passer aux colonies en s'y réservant des salles militaires. Nous voyons en perspective les résultats incomparables que la marine pourrait obtenir dans des salles militaires ; ainsi, dans ces salles, il revient 1 infirmier pour 5 malades ; ces infirmiers sont généralement fournis par l'administration de l'hôpital, mais le ministre militaire peut, à son choix, y mettre ses propres infirmiers dans la proportion qui lui convient. Or la marine possède un excellent corps d'infirmiers de carrière qui ne demandent qu'à marcher. Pour l'Indo-Chine, par exemple, la marine, usant de son droit, pourrait désigner trois de ses infirmiers pour chacun des trois hôpitaux nécessaires. Avec ce chiffre d'infirmiers de carrière pour encadrer des infirmiers indigènes qui sont bons quand ils sont bien commandés, le service marcherait admirablement, et nos militaires malades ne seraient pas exposés à être confiés aux soins très aléatoires d'infirmiers d'aventure, improvisés.

Résumons les avantages qui résulteraient de cette mesure :

1º Économies énormes pour le Trésor ;

2º Soldats restant constamment sous l'autorité du commandement, au grand bénéfice de la discipline ;

3º Médecins traitants soumis au commandement ;

4º Diminution du nombre des journées d'hôpital ;

5º Maintien des effectifs disponibles ;

6° Entretien et perfectionnement de la valeur technique des médecins de troupes, grâce à leur service hospitalier, bienfait de la loi grandement apprécié à la guerre ;

7° Cessation des luttes irritantes et nuisibles au bien du service entre médecins de la marine et médecins coloniaux qui, dès ce moment, vivraient en aussi parfaite harmonie que le font à l'heure actuelle les médecins de la guerre et les médecins civils dans les hôpitaux mixtes.

d) De toutes les questions qui touchent les troupes de la marine en service aux colonies et qu'il est urgent de régler pour le plus grand bien du service, celle du bon fonctionnement de leur service médical est la plus facile à résoudre, au sujet de laquelle on joue pour ainsi dire sur le velours, par l'excellente raison qu'il n'y a pas lieu de chercher d'innover et d'expérimenter, mais bien tout simplement d'appliquer aux colonies les lois de la métropole, consacrées par une mise en pratique de vingt ans et reconnues bonnes par tous.

La solution comprendrait deux termes :

1° Doter convenablement, c'est-à-dire suivant les prescriptions des règlements militaires existants, les corps de troupes en ressources médicales 'personnel et matériel) ;

2° Appliquer la loi du 7 juillet 1877 sur l'hospitalisation des militaires.

Nous avons vu combien est fantaisiste et maigre le personnel médical régimentaire admis par les colonies et imposé à la marine.

Il est décent et surtout urgent de faire cesser cette situation scandaleuse. Une plus juste dotation du corps d'occupation de l'Indo-Chine en personnel médical s'impose donc. Mais, une fois ce redressement d'effectif médical réalisé, il faut bien se rendre compte que l'application de la loi de 1877 à l'Indo-Chine, comme d'ailleurs aux autres colonies, n'entraînera pas l'envoi aux colonies d'un seul médecin de la marine de plus, les médecins de troupes assurant le service des salles militaires exactement comme cela se fait à la guerre.

Au point de vue du matériel médical, nous ne pouvons passer sous silence une lacune profondément regrettable et qui n'existerait pas si le budget militaire n'avait pas été imprudemment remis aux mains des colonies.

On sait avec quels soins, avec quelle juste pondération, en France, le matériel médical est prévu pour les unités tactiques en temps de guerre et même pour les simples manœuvres. Si l'on tient compte de ce fait que le corps d'occupation de l'Indo-Chine n'attend pas la guerre, mais la fait constamment, on aurait droit de supposer qu'en fait de matériel pour les colonnes expéditionnaires, les colonies qui ont la disposition du budget militaire ont au moins prévu quelque chose.

En réalité il n'y a rien.

Cette situation déplorable n'a pas manqué d'émouvoir les médecins des troupes et surtout le commandement. Tout récemment le médecin-major du 1er régiment de tirailleurs tonkinois a fait paraître, dans les *Archives de médecine navale* (numéro de septembre 1897), un *projet de matériel médical régimentaire pour les troupes de la marine aux colonies.*

L'auteur, fort d'une expérience de quatre années consécutives de service dans les troupes au Tonkin, et s'inspirant des dispositifs de la guerre, adapte, d'une manière très heureuse, le matériel de la guerre aux conditions toutes spéciales et impérieuses de milieu et de climat du stationnement colonial. La réalisation de ce projet pour l'ensemble des 23 bataillons du Tonkin ne coûterait que 25000 francs.

Avec ce matériel, les soldats faisant colonne au Tonkin ne seraient plus, par rapport à leurs camarades de France, dans des conditions manifestement inférieures. Le général commandant en chef le corps expéditionnaire, M. le général de division Bichot, a fortement appuyé ce projet et nous ne pouvons résister au plaisir de reproduire le passage suivant de sa chaude approbation :

« Cette étude répond à un réel besoin. Rien encore n'a été fait dans ce sens, et il serait urgent de doter les troupes, aux colonies, d'un matériel médical répondant à leurs besoins. Je me rallie entièrement aux propositions du Dr Fruitet, etc. »

Nous ne nous sommes occupé du ministère des colonies qu'en ce qui concerne ses empiètements injustifiés sur les attributions naturelles et légitimes du ministère de la marine. Toutefois, nous nous permettrons de faire remarquer que la transformation de ses hôpitaux coloniaux en hôpitaux mixtes devrait provoquer, de sa part, une approbation complète, en ce sens qu'elle lui permettrait de mettre immédiatement un peu d'ordre dans le fonctionnement assez décousu de son service de santé colonial proprement dit, et surtout de n'assurer ce service qu'avec des éléments lui appartenant.

Les premiers médecins coloniaux datent de sept ans. Si la création de ce corps parut prématurée, il n'en est pas moins certain que, du moment où l'administration des colonies a été élevée au rang de ministère civil et autonome, des médecins coloniaux, lui appartenant au même titre que ses fonctionnaires, lui étaient absolument nécessaires pour assurer les services publics dont il est le maître légitime et qu'il serait trop long d'énumérer. Toutes les autres puissances qui possèdent un domaine d'outre-mer, l'Angleterre, l'Espagne, la Hollande, ont, comme fonctionnaires aux colonies, des médecins.

Malheureusement, jusqu'à présent, il n'y a jamais eu assez de médecins coloniaux pour assurer le service aux colonies, service qui ne peut fonctionner que grâce à la bienveillance du ministre de la marine, qui veut bien prêter ses médecins à son collègue des colonies. Cette pénurie de médecins coloniaux a dû justement préoccuper le pavillon de Flore, car, dans la bonne intention évidente d'épuiser toutes les sources de recrutement, les colonies ont fait successivement rendre, en 1890, 1896 et 1897, trois décrets, qui ne créent pas moins de trois catégories ou variétés de médecins coloniaux. Cela sans aucun résultat.

Tout porte à croire que, pas plus que les précédents, un quatrième décret n'arriverait à combler les lacunes.

Voilà pourquoi il est urgent d'établir aux colonies le fonctionnement des hôpitaux mixtes. Cette mesure déchargera, d'un service médical essentiellement militaire, nombre de médecins coloniaux qui seront intégralement rendus à leur champ naturel d'activité, et le corps de santé colonial, qui avait trop présumé de ses forces, pourra très probablement assurer à lui seul les services coloniaux multiples qui sont du légitime ressort du ministère des colonies.

Cette solution aura de plus le très grand avantage de remettre chacun à sa place :

Les médecins coloniaux soigneront tout le monde à l'exception des militaires ; et les médecins de la marine auront le soin exclusif des matelots et des soldats qui, ainsi, ne seront jamais séparés de leurs médecins légitimes qui seuls vont au feu avec eux.

A toutes les mesures que nous avons réclamées, il suffira d'ajouter la création d'une *Direction des troupes* pour que le service soit parfait.

Pour mener les choses à bien, l'intervention du Parlement n'est pas nécessaire, la solution est d'ordre strictement gouvernemental.

Résumons la question dite de l'*armée coloniale*.

Elle est factice ; elle a eu sa genèse dans les préoccupations militaires du monde colonial qui, après l'avoir lancée, n'a cessé de faire du bruit autour d'elle pour en fatiguer l'opinion publique et le Parlement, de manière à mener les choses au moment psychologique où il pourrait dire :

« Voilà des troupes, la marine n'y tient plus, la guerre

n'en veut pas, donc elles ne sont à personne, donc elles sont à moi. »

Ce serait à désespérer de tout si, à la fin, ce piège n'était pas éventé. On ferait sourire si l'on parlait des sympathies du monde colonial pour la marine ; et pourtant, n'ayant pas encore pu mettre la main sur ces troupes, il préfère les voir rattachées à la marine plutôt qu'à la guerre.

Au fond, pourquoi?

Parce qu'il se rend parfaitement compte que, si, contrairement à la logique et au bien du service, la guerre avait le commandement de ces troupes, la question de l'armée coloniale serait de fait morte et bien morte.

Ce que la guerre ferait, la marine peut le faire.

La formule en est simple et consiste en ceci :

Conformément aux lois militaires, la marine organise, commande, administre, soigne et paye ses troupes partout, en France, aux colonies, à l'étranger.

PARIS. — IMPRIMERIE L. BAUDOIN, 2, RUE CHRISTINE.